Grillen für echte Männer

Grundlagen und Kochbuch–
mit den 60 besten Rezepten für jeden Anlass

Thorsten Schäfer

Für Fragen und Anregungen:
info@vibrantlife.de

1. Auflage 2016
ISBN-13: 978-1535227780

Vibrant Life Publishing ist ein Verlag der Vibrant Life UG
Marktplatz 6
92670 Windischeschenbach

Weitere Informationen zum Verlag finden Sie unter
www.vibrantlife.de/publishing

INHALTSVERZEICHNIS

EINLEITUNG

Bereits am Anfang der Menschheitsgeschichte war bekanntlich das Feuer - und drum herum scharten sich die ersten Höhlenmenschen, um ihre Mammutsteaks über die Flammen zu halten. Das Grillen ist also eine der ursprünglichsten Methoden menschlicher Nahrungszubereitung überhaupt, und das Vergnügen daran in uns allen genetisch fest verankert. Kein Wunder also, dass rund 80 Prozent aller Deutschen gerne grillen. Dem Rest fehlt es vielleicht an Grill-Mut angesichts all der TV-Superköche, die im Fernsehen die hohe Kunst des Grillens geradezu zelebrieren. Dabei ist Grillen nun wirklich kein Hexenwerk. Auch Du kannst es, wenn Du Dir die vielen Tipps dieses kleinen Ratgebers zu Eigen machst. Wenn Du dann noch das eine oder andere meiner Grill-Rezepte ausprobierst, sollte dem Gelingen Deiner ersten - oder auch x-ten - Grillparty nichts mehr im Wege stehen.

TECHNIK – GRILLGERÄTE FÜR JEDEN GESCHMACK UND GELDBEUTEL

Grillgeräte gibt es in jeder nur vorstellbaren Größe und Art. Gegrillt wird mit Holzkohle, Holz, Gas oder Strom, wobei Holzkohle und Gas mit Abstand am weitesten verbreitet sind. Und das nicht ohne Grund: Das Grillen mit Holz entwickelt zwar die meisten Aromastoffe, ist aber unpraktikabel, da es schwierig bis unmöglich ist, damit eine konstante und lang andauernde Glut zu erzeugen. Grillgut dagegen, das auf mit Strom betriebenen Grillgeräten zubereitet wird, unterscheidet sich im Geschmack nicht von der Braterei auf dem Küchenherd und somit lohnt sich der ganze Grill-Aufwand kaum. Es bleiben also Holzkohle- und Gasgrill. Auf diese beiden Methoden wollen wir uns in diesem Buch konzentrieren. Aber natürlich lassen sich die Rezepte grundsätzlich auch mit einem Strom- oder Holzgrill zubereiten.

Welcher Grill ist der richtige für mich?

Wenn Du mit dem Kauf eines Grills liebäugelst, solltest Du nicht nur den Preis bedenken, sondern auch den Aufwand, welcher Du Dir beim Grillen machen willst. Ein Gasgrill bedeutet weitaus weniger Arbeit als ein Holzkohlegrill, bei dem Du Dich intensiv um das Feuer kümmern muss. Dafür ist ein Holzkohlegrill sehr mobil und darauf Gegrilltes schmeckt unnachahmlich gut. Für den Gasgrill dagegen benötigst Du einen Gasanschluss oder zumindest eine Gasflasche, bist damit also nicht ganz so mobil. Auch solltest du die Grillgröße von der Anzahl Deiner Freunde und der Größe Deiner Familie abhängig machen. Ist der Grill zu klein, kannst Du die Leute nur schubweise versorgen und musst beim Holzkohlegrill darüber hinaus auch noch nachfeuern, was lästige Wartezeiten mit sich bringt. Ist der Grill dagegen zu groß, so führt dies bei beiden Grills zu unnötigen Mehrkosten durch Energieverschwendung. Selbst wenn Du nur eine einzige Bratwurst grillen willst, muss doch der Gasgrill aufwändig vorgeheizt, respektive das Kohlebecken des Holzkohlegrills wenigstens einigermaßen mit Holzkohle bedeckt werden, damit die gewünschte Hitze entwickelt wird.

Der perfekte Platz

Der Standort, insbesondere des Holzkohlegrills, muss sorgfältig gewählt werden. Aufgrund des kaum zu vermeidenden Funkenflugs darf er natürlich nicht in der Nähe brennbarer Materialien aufgestellt werden. Aufgrund herunterfallender Glut ist ein Holzboden denkbar ungeeignet. Etwas Abstand zu Wohngebäuden kann aufgrund der Rauchentwicklung ebenfalls nicht schaden. Aus demselben Grund solltest du auch die vorherrschenden Windverhältnisse beachten. Nichts ist lästiger, als wenn Deine Gäste beim Essen mit Rauch eingenebelt werden oder dieser in offene Fenster zieht. Ganz windstill sollte der Ort jedoch auch nicht sein, denn ohne Luftzug ist es deutlich schwieriger, ein Feuer zu entfachen und in Gang zu halten. Aus genau diesem Grund gibt es ja übrigens auch Blasebälge. Routinierte Grillprofis postieren ihr Arbeitsgerät möglichst nahe dem Kücheneingang, falls dies möglich ist. Denn so verkürzt du die Wege zum dort eingelagerten Grillgut und den Getränken. Außerdem finden die meisten Vorbereitungsarbeiten sowieso in der Küche statt und dringend Benötigtes wie etwa die vergessene Grillzange oder gar Nachschub an kalten Getränken lassen sich so blitzschnell herbeizaubern.

Die unvermeidlichen Sicherheitshinweise

Du solltest einen Grill nicht in geschlossenen Räumen wie etwa einer Garage betreiben und ihn auch niemals unbeaufsichtigt lassen, bis er vollständig erkaltet ist. Asche musst Du vor der Entsorgung über Nacht auskühlen lassen. Kinder und Tiere sollten sich dem Grill nicht unbeaufsichtigt nähern dürfen. Am besten Du stellst den Grill auf eine stabile Metallplatte, denn dann können Glut und Fett auf den Boden tropfen, ohne Schaden anzurichten. Genau deswegen grillen echte Profis niemals mit Sandalen oder gar barfuß, sondern ausschließlich mit fest geschlossenem Schuhwerk – selbst wenn es noch so heiß ist. Schnell plumpst mal ein Glutteilchen auf Deinen Fuß mit der schäbigen Absicht, Dir eine äußerst schmerzhafte Brandblase zu verpassen. Last but not least solltest Du beim Grillen stets eine Schürze tragen. Dies weniger, um mit originellen Weisheiten wie „Bier formte diesen schönen Körper" bei Deinem begeisterten Publikum zu punkten, sondern vielmehr um zu verhindern, dass der Funkenflug Körper oder Kleidung versengt. Nicht zu vergessen wird es bekanntlich abends gerne mal dunkel. Sorg also beizeiten für eine grillnahe Lichtquelle.

Equipment – Zubehör, auf das Du nicht verzichten solltest

Der Smoker

Schon unsere bereits erwähnten Höhlenmenschen räucherten ihr Fleisch, indem sie es in der Nähe ihrer Feuerstellen in ihrer Höhle aufhängten. Und auch Du kannst Deinem Fleisch, Fisch oder Gemüse vor oder während des Grillens ein typisches Raucharoma verleihen. Voraussetzung dafür ist der Besitz eines sogenannten „Smokers". Dabei handelt es sich um ein Räuchergerät, das bereits für deutlich unter 50 Euro zu bekommen ist und Gegrilltes genußtechnisch erheblich aufwertet. Gefüllt wird der Smoker zumeist mit Buchenholz- oder Hickoryspänen, die Du inzwischen überall zu günstigen Preisen bekommen kannst. Bei den günstigsten Geräten handelt es sich um eine schlichte Metallbox. Diese wird mit Holzspänen gefüllt und einfach direkt in die Grillkohle gelegt. Die allermeisten guten Gasgrillgeräte verfügen bereits über einen integrierten Smoker.

Grill-Werkzeug

Grill-Profis verwenden für den Umgang mit Grillgut ausschließlich Grillzangen, Wender und Schieber. Sie würden es niemals wagen, in das Grillgut zu stechen. Auch Du solltest dies unterlassen, denn sonst läuft der Saft heraus und das Fleisch vertrocknet auf dem Grill. Dies gilt im Übrigen selbst für Bratwürste. Nimm eine Zange oder einen Wender und benutze den Grillspieß maximal zum Festhalten des Grillguts während des Portionierens.

Feuerfeste Handschuhe musst du nicht unbedingt während des Grillens tragen, aber zumindest in der Nähe haben. Falls der Rost mal verrutscht oder glühende Kohle schnell entfernt werden muss, wirst Du mir für diesen Tipp dankbar sein. Zur Standard-Ausrüstung beim Grillen mit Holzkohle gehört zudem ein Schürhaken zur Verteilung der Grillkohle sowie eventuell noch ein Blasebalg, um das erste Feuer zu entfachen. Schlußendlich erweist sich eine Drahtbürste als überaus nützlich bei der Reinigung des Grillrostes.

Grillschalen aus Aluminium

Ich kann es mir nicht verkneifen, noch ein bisschen über Aluschalen abzulästern. In manchen Situationen können sie durchaus praktisch sein, etwa wenn Du sehr kleine oder empfindliche Sachen wie etwa Pilze oder bestimmte Fischfilets grillst. Ein weiterer großer Vorteil von Grillschalen ist, dass damit der Grillrost einigermaßen sauber bleibt. Auch ist mir durchaus bewusst, dass praktisch sämtliche Ernährungs- und Gesundheitsexperten nicht müde werden, Loblieder auf die gesundheitlichen Vorteile von Grillschalen anzustimmen. Natürlich ist da was dran. In einer Grillschale brennt das Grillgut nicht so schnell an, dadurch entstehen deutlich weniger krebserregende Stoffe. Wenn ich aber schon mal grille, - was selten genug vorkommt - will ich dies auch genießen und mir den Tag nicht von gesundheitlichen Bedenken verderben lassen. Denn sogar Aluschalen sind letztlich gesundheitlich nicht vollkommen unbedenklich. Laut neuesten Medienberichten können sie Aluminium in bedenklicher Menge an das Grillgut abgeben. Außerdem grille ich vor allem wegen dieses unnachahmlichen Grillgeschmacks. Von dem bleibt aber beim Grillen in Aluminiumschalen herzlich wenig übrig. Die dort „gegrillten" Steaks und Bratwürste schmecken letztlich nicht besser als ihre Kollegen aus der Bratpfanne. Aluminiumschalen kommen mir daher nur auf den Grill, wenn es sich absolut nicht vermeiden lässt.

Timing – die perfekte Planung eines Grillabends

Ein gelungener Grillabend ist vor allem eine Frage des richtigen Timings. Dies gilt insbesondere dann, wenn Du mit Holzkohle grillst. Denn die Holzkohle braucht eine gewisse Zeit, bis sie durchgeglüht ist und hält dann diese Idealtemperatur nur für begrenzte Zeit aufrecht. Auch ein Gasgrill braucht eine bestimmte, Hersteller-abhängige Aufwärmzeit. Also muss alles parat sein, wenn Dein Grillgerät einsatzbereit ist. Ich liste hier mal meinen Masterplan in Sachen Grillabend auf. Wenn ich mich daran halte, verfalle ich am Grillabend niemals in Hektik, sondern kann ihn in vollen Zügen genießen.

Zu Beginn der Grillsaison kontrolliere und reinige ich meinen Grill, vervollständige meine Grillausrüstung und stocke meinen Vorrat an Grillkohle auf.

Am Vortag des geplanten Grillabends überprüfe ich zunächst mal den Wetterbericht. Wenn anhaltender Regen oder noch garstigeres Wetter prophezeit wird, verschiebe ich schweren Herzens den Grillabend. Falls nicht, überschlage ich die Anzahl meiner Gäste und deren Essensgewohnheiten und kaufe die entsprechend benötigte Menge an Lebensmitteln, Getränken und Servietten ein. Dann mariniere ich alles, was nach einer Marinade lechzt und bereite schon mal die allermeisten kalten Vorspeisen, Dips und Beilagen zu. Ich stelle die Getränke kalt und kalkuliere dabei den stets rekordverdächtigen Durst meiner trinkfesten Gäste mit ein.

Am Morgen des Grilltags mariniere ich kleineres und empfindlicheres Grillgut wie etwa Geflügel, Fisch, Schaschlik oder Gemüsespieße und bereite schon mal die Dips und Soßen zu. Manchmal räuchere ich auch. Da dies in etwa sechs bis acht Stunden dauert, muss ich die Holzchips jetzt schon für etwa eine Stunde wässern und meinen Smoker spätestens gegen Mittag anwerfen, damit das Geräucherte am Abend grillfertig ist.

Am Nachmittag des Grilltags portioniere ich das marinierte Fleisch, schneide Steaks und bereite die Schaschlikspieße zu. Ich wasche den Salat und mische das Salatdressing an. Ich füge das Dressing aber noch nicht dem Salat zu, sondern stelle die gewaschenen Blätter in ein geschlossenes, großes Behältnis in den Kühlschrank. Das Dressing kippe ich erst ganz kurz vor dem Essen über den Salat, damit er nicht vorzeitig schlaff wird. Draußen stelle ich schon mal die Tische und Stühle auf. Mein Sitzplatz wird möglichst nahe des Grillgeräts sein. Wenn es nicht allzu windig ist, platziere ich auch schon Gläser, Teller, Besteck und Servietten. Ich stelle den Grill, sowie daneben einen Abstelltisch auf und platziere in der Nähe mein benötigtes Handwerkszeug. Dazu gehören, wie oben erwähnt, feuerfeste Handschuhe, Grillzangen, Schürhaken, ein Eimer Wasser zum Händewaschen sowie ein leerer Teller für das fertige Grillgut. Außerdem achte ich darauf, dass der Beistelltisch noch genügend Platz für mindestens einen weiteren Teller und mein eigenes Getränk bietet. Zu guter Letzt befülle ich schon mal den Grill mit Holzkohle. Ich zünde ihn jedoch erst an, wenn die Gäste kommen. Dies gilt entsprechend auch für Gasgrills, denn die benötigen ebenfalls eine gewisse Vorheizzeit, die beträgt meistens etwa 20 Minuten.

Taktik – Grillmethoden, bei denen nichts schief geht

In jedem nicht allzu kleinen Grill lassen sich unterschiedliche Temperaturzonen einrichten. Am heißesten ist natürlich die Mitte des Grills, respektive da, wo die meiste Grillkohle vor sich hinglüht. Hier spricht man von direkter Hitze, die bis zu 350 Grad heiß sein kann. Zum Rand hin wird es dagegen etwas kühler. Hier können wir mit indirekter Hitze grillen, denn dort herrschen Temperaturen von um die 180 Grad. Dies ist auch der richtige Ort für Deine Smokerbox, die direkt in die Glut gelegt wird. Bei sehr großen Grills kannst du ein Eckchen des Kohlebeckens frei lassen. Dieser Winkel dient dann dem Warmhalten fertig gegarten Grillguts. Eine beliebte Methode der Temperaturregelung, insbesondere bei sehr kleinen Grillgeräten, ist das Abstand-Grillen. Wenn die Temperatur zu hoch wird, schiebst Du den Grillrost eine Stufe nach oben, fällt die Temperatur dagegen allzu sehr ab, kommt der Grillrost eins weiter runter.

Zum Unterschied zwischen Barbecue und Grillen

Hierzulande sprechen viele Leute vom Barbecue und meinen eigentlich das Grillen. Aber Grillen und Barbecue sind zweierlei. Beim Barbecue handelt es sich um eine, vor allem in den USA, praktizierte Grillmethode, bei der ausschließlich mit indirekter, also mäßiger Hitze bei etwa 100 bis 150 Grad gegrillt wird. Für das Aroma sorgt beim Barbecue in allererster Linie ein Smoker, der reichlich Raucharoma erzeugt, da das Garen bei indirekter Barbecue-Hitze eher dem Backofen-Garen entspricht und recht wenig eigenes Grillaroma erzeugt.

Das Entfachen des Grillfeuers

Die Standardmethode besteht darin, die benötigte Grillkohle im Grill auf einen einzigen Berg aufzutürmen, unten zwei bis drei Grillanzünder möglichst tief reinzustecken und anzuzünden. Dann musst Du nur noch warten, bis der Haufen gut angeglüht ist und dann kannst Du die Kohle im Grill verteilen. Es gibt auch elektrische Grillanzünder, die erstaunlich gut funktionieren. Da ich aber in der Nähe keine Steckdose habe und flüssige Anzündhilfen wegen Sicherheitsbedenken grundsätzlich ablehne, greife ich regelmäßig lieber zu einer dritten Variante: dem Grillkamin. Denn auf keine andere Art lässt sich ein Grillfeuer derart unkompliziert in Gang bringen, und teuer sind Grillkamine auch nicht. Die günstigsten gibt es bereits für einen Zehner.

Du musst nur den Grillkamin in die Mitte Deines Grills stellen. Unten rein kommen ein, zwei Grillanzünder, oben drauf die gesamte Grillkohle, oder halt so viel wie reinpasst. Das klappt übrigens sogar, wenn Du statt Grillkohle Holz verwendest. Mit einem langen Feueranzünder entzündest Du die Grillanzünder und musst dann nur noch warten. Zuerst steigt zwar dicker Rauch auf, dies ist aber ganz normal. Bald darauf fängt die Kohle an durchzuglühen. Dies ist der richtige Moment, sie auszuschütten und im Grill flächig zu verteilen. Lass dabei ein Eckchen frei und häufe in der Mitte etwas mehr auf, so schaffst Du Dir unterschiedliche Temperaturzonen. Sobald die Ascheschicht der Kohle verschwunden ist – also nach etwa weiteren fünf Minuten - kannst Du für eine knappe Stunde Grillgut auflegen. Die meisten Grills verfügen unten über eine regulierbare Luftzufuhr. Je mehr Luft Du Deinem Grill gönnst, desto heftiger und schneller verbrennt die Kohle und desto mehr Hitze wird entwickelt.

Grillen auf dem Gasgrill

Die Handhabung eines Gasgrills ist wesentlich komfortabler als die eines Holzkohlegrills. Du rußt Dich nicht mit Kohle ein, musst kein Feuer entfachen und mit Argusaugen bewachen. Verletzungs- und Brandgefahr sind bei einem Gasgrill auch wesentlich geringer und die Temperaturregulierung ist so einfach wie bei einem Küchenherd. Diesen Luxus bezahlt man halt mit gewissen Abstrichen beim Aroma, denn mit Holzkohle grillt es sich doch etwas würziger. Dafür verfügen gute Gasgrills über Extras, die das Herz eines jeden Grillfreundes erwärmen. So gibt es dort sehr praktische Ruhe- und Warmhaltezonen und fast immer auch eine Smokervorrichtung. Übrigens benötigen Gasgrills genau wie Holzkohlegeräte eine gewisse Vorheizzeit, deren Länge vom jeweiligen Typ abhängt.

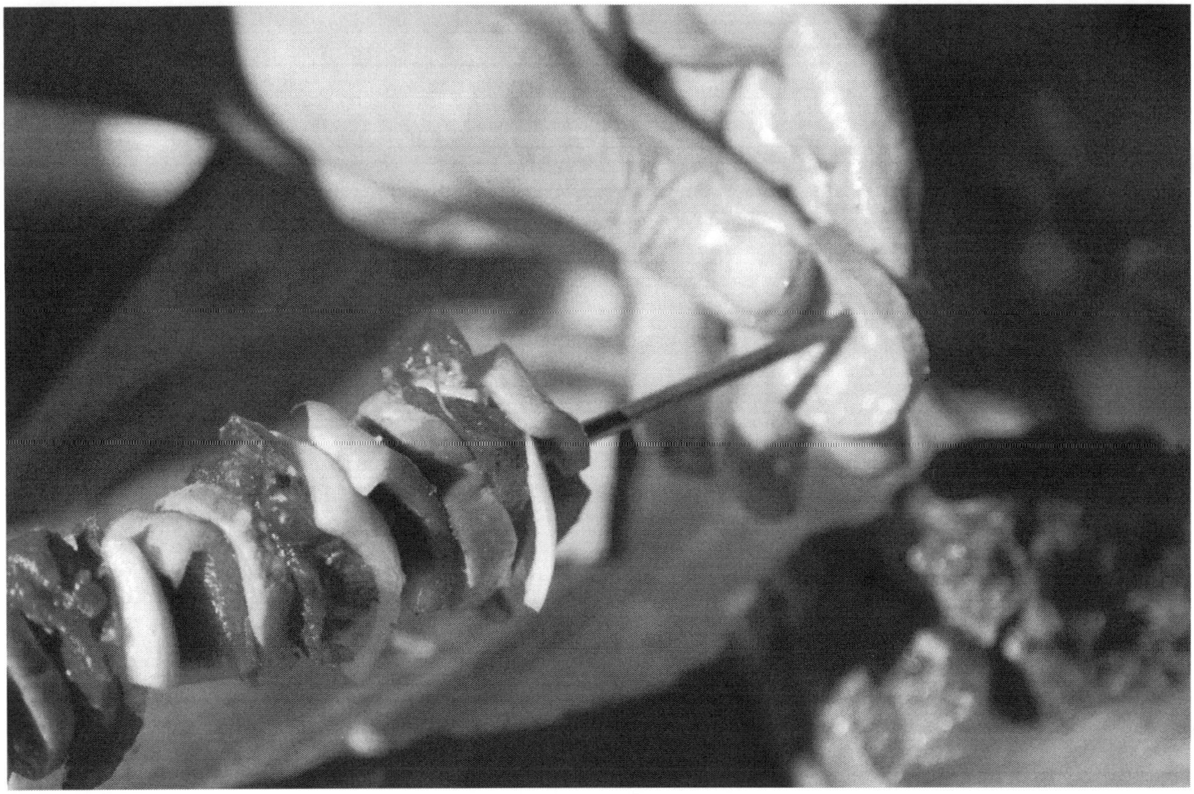

REZEPTE – DIE DEINE GÄSTE BEGEISTERN WERDEN

FLEISCH UND WÜRSTE

Fleisch spielt natürlich die Hauptrolle beim Grillen. Mißlingt Dir mal ein Salat oder ein Dip, ist dies zu verschmerzen, wenn aber die Grillsteaks wie Schuhsohlen schmecken, trübt dies den Grillgenuß doch erheblich. Zwar ist es überaus trendy, sich von möglichst fettarmem Fleisch zu ernähren, aber Grillfleisch muss einen gewissen Fettanteil aufweisen, sonst vertrocknet es auf dem Feuer. Aus genau diesem Grund wurden auch die Marinaden erfunden, denn damit wird das Fleisch nicht nur gewürzt, sondern es nimmt auch die benötigten Fettstoffe auf. Dank der Marinaden lässt sich praktisch jedes Fleisch schmackhaft grillen. Schön durchwachsenes Fleisch wie etwa Schweinehals kannst du dagegen direkt auf den heißen Grill legen. Nach wenigen Minuten und zweimaligem Wenden ist es fertig. Mageres Fleisch dagegen solltest Du stets marinieren. Mit Bratwürsten dagegen bist Du immer auf der sicheren Seite. Die größte Gefahr besteht darin, dass sie durch den Rost fallen. Ansonsten schmeisst Du die Würste auf den Grill, drehst sie ab und zu um, und wartest bis sie braun werden. Daher spielen Bratwürste in dieser Rezeptsammlung keine Rolle. Viele der hier erwähnten Fleischrezepte schmecken zwar mit einem Smoker besonders gut, lassen sich allerdings auch auf einem normalen Grill zubereiten und behalten dadurch mehr ursprünglichen Eigengeschmack.

RIB EYE STEAK

Rib Eye-Steaks eignen sich mit ihrer Marmorierung perfekt für´s Grillen. Wenn die Fleischqualität stimmt und das Rib Eye mindestens 2 cm dick ist, kannnst Du eigentlich kaum etwas falsch machen. Salze es leicht und lege es auf die heißeste Stelle des Grills. Drehe es nach etwa drei Minuten um und warte, bis der Fleischsaft oben austritt. Dann ist es „medium“ und - nach meinem Geschmack - verzehrbereit.

SCHASCHLIK-SPIEßE

Schaschlik-Spieße schmecken nicht nur, sie eignen sich auch ganz wunderbar, um etwa abgeschnittene Reststücke von Steaks und Rinderfilets zu verwerten. Die Spieße lassen sich mit Gemüse, Fleisch oder abwechselnd mit beidem bestücken.

ZUTATEN (für 8 Portionen)

Ca. 20 – 25	kleine Rindfleischstücke
	Salz
	Pfeffer
1 Tasse	Pflanzenöl
2	Knoblauchzehen
	Frische Kräuter nach Geschmack (Majoran, Estragon, Oregano, Basilikum…)
4 ca. 20 cm	lange Holz- oder Stahlspieße

ZUBEREITUNG

Spieße jeweils etwa fünf Fleischstücke auf einen Spieß. Lass aber etwas Abstand zwischen den einzelnen Stücken. So nehmen sie die Marinade besser auf und garen später besser durch. Fertige aus den anderen Zutaten eine Marinade an und lass die Spieße für ein paar Stunden durchziehen. Danach kommen sie bei mehrmaligem Wenden für insgesamt etwa 10 Minuten auf den gut vorgeheizten Grill, und zwar dort, wo er am heißesten ist.

ZUBEREITUNGS-ZEIT	MARINIER-ZEIT	GRILL-ZEIT
20 Minuten	2-4 Stunden	10 Minuten

GRILLEN EINER GANZEN RINDERLENDE

Eine Rinderlende wird direkt gegrillt. Sie kommt also direkt über der Glut auf den Rost.

ZUTATEN (für 8 Portionen)

2 - 3 kg	Rinderlende, entsehnt
100 ml	Olivenöl
30 g	Salz
30 g	Pfeffer
6	Knoblauchzehen, gepresst
Ca. 2 Tassen	Gartenkräuter, fein gehackt (Estragon, Basilikum, Oregano, Majoran, Rosmarin, glattblättrige Petersilie)

ZUBEREITUNG

Bei der Rinderlende ist es wichtig, dass sie in etwa eine gleichmäßige Dicke hat, damit die Garstufe überall dieselbe ist. Am besten gelingt sie, wenn sie bereits Zimmertemperatur hat, bevor sie auf dem Grill landet. Falls das Fleischstück unterschiedlich dicke Konturen aufweist, musst Du etwas nachhelfen. Roll das Fleisch ähnlich wie Rouladen zusammen und befestige das Ganze mit Spießen oder Schnüren, damit es beim Grillen nicht auseinanderfällt. Verpasse danach der Lende eine Abreibung gesalzener und gepfefferter Art und zum Schluss einen dicken Gewürzmantel. Platziere die Lende sehr vorsichtig auf dem leicht mit Olivenöl pepinselten, sehr heißen Rost und wende sie nach etwa sechs bis acht Minuten. Wenn sie rundum gut angebraten ist, schiebe sie an eine mittelheiße Stelle. Nach etwa einer halben Stunde ist die Lende innen noch leicht rosa und damit fertig. Am besten lässt Du sie noch für 5 Minuten in Alufolie nachgaren, bevor Du sie portionierst.

ZUBEREITUNGSZEIT	GRILLZEIT
15 Minuten	ca. 1 ½ - 2 Stunden

DAS LEGENDÄRE BIERDOSEN-HUHN

ZUTATEN

- 1 ca. 2 kg Brathuhn oder eine Poularde
- 1 EL Salz
- 1 EL gemahlener, schwarzer Pfeffer
- 1 TL Cayenne-Pfeffer
- 1 TL Knoblauchgranulat
- ½ TL Rosmarin
- ½ TL getrockneter Thymian
- 1 0,5 Liter-Bierdose
- Olivenöl

ZUBEREITUNG

Finde einen selbstlosen Freiwilligen, der die Hälfte des Biers entsorgt. Vermische alle trockenen Gewürze und verpasse dem Huhn damit eine äußere und innere Abreibung. Such eine nicht zu heiße Stelle auf dem Rost, ideal sind so um die 120 Grad. Stell die halbvolle Bierdose dorthin und stülp das Huhn (Kopf nach oben) vorsichtig darüber. Grill das Huhn für etwa drei Stunden, bis es außen knusprig braun ist. Nimm es vom Rost, entferne die Dose und lass das Huhn vor dem Servieren noch etwa 20 Minuten an einem etwas wärmeren Platz ruhen.

ZUBEREITUNGS-ZEIT	GRILLZEIT
10 Minuten	je nach Größe zwischen 1,5 und 4 Stunden

HÜHNCHENBRUST MIT ANANAS-SALSA

Zutaten (für 6 Portionen)

6	Hühnerbrüste
1 EL	Salz
1 TL	1 TL Knoblauchgranulat
1 TL	Cayenne-Pfeffer
1 TL	getrockneter Rosmarin
1	Würzmischung Ananas-Salsa (Rezept in diesem Buch)
1 Pfund	halbierte Baconscheiben

ZUBEREITUNG

Vermische die Gewürze in einem geeigneten Gefäß, reibe die Hühnerbrüste damit ein und lasse sie etwa eine Dreiviertelstunde durchziehen. Hühnerbrüste werden indirekt gegrillt, ideal ist daher ein mittelheißes Plätzchen mit etwa 120 Grad. Leg die Hühnerteile auf den Rost, wende sie nach ein paar Minuten und bedecke sie dann dicht mit dem Bacon, damit sie auch schön saftig bleiben. Nach wenigen Minuten sind Huhn und Bacon servierfertig.

ZUBEREITUNGSZEIT	GRILLZEIT
1 Stunde	ca. 45 Minuten

GERÄUCHERTER HACKBRATEN

ZUTATEN (für 6 Portionen)

- 1 kg gehacktes Rindfleisch
- 14 Champignons, fein gehackt
- 2 Zwiebeln, gewürfelt
- 6 rohe Eier
- 500 g Fleischwurst oder Frankfurter, enthäutet und klein geschnitten
- 2 grüne Paprika, fein gewürfelt
- 3 Tassen Semmelbrösel
- 2 EL schwarzer Pfeffer
- 2 EL Tabasco
- 5 Sardellen, fein gehackt
- 3 EL) getrockneter Thymian (optional)

ZUBEREITUNG

Back die Semmelbrösel für 20 Minuten im Backofen auf, bis sie etwas Farbe angenommen haben. Lass sie abkühlen und vermenge die Brösel mit den restlichen Zutaten. Forme aus der Masse einen länglichen, ca. 6-8 cm hohen Laib. Leg ihn in eine Aluminiumschale und stelle diese für etwa eine Stunde in den Kühlschrank. Stell danach den Laib in der Aluschale auf den Rost an einen nicht allzu heißen Platz und grill das Ganze für etwa eine Dreiviertelstunde. Die Garzeit hängt vor allem davon ab, wie dick der Laib ist. Wenn die Kerntemperatur über 70 Grad beträgt, ist der Hackbraten fertig.

ZUBEREITUNGSZEIT	GRILLZEIT
15 Minuten	ca. 1 - 1 ½ Stunden

PULLED PORK

Das derzeit äußerst populäre Pulled Pork schmeckt fantastisch, sowohl im Hamburger als auch auf dem Teller. Es erfordert allerdings mehrtägige Vorarbeiten, einen Gasgrill und einen Smoker. Berücksichtige dies, bevor Du Dich an dieses Rezept wagst

ZUTATEN

5 Pfund	Schweineschulter oder Schweinenacken
2 EL	Salz
1 EL	Pfeffer
6 EL	Paprika
1 EL	Zwiebelpulver
1 EL	Knoblauchpulver
2 ELI	Kreuzkümmel
2 EL	Zucker

ZUBEREITUNG

Alle Gewürze werden miteinander vermischt und das Fleisch damit eingerieben. Dann wird das Fleisch in Frischhaltefolie verpackt und kommt für einen Tag in den Kühlschrank. Etwa 2 Stunden vor dem Grillen solltest du es bereits aus dem Kühlschrank nehmen. Der Smoker wird derweil auf 100 bis 110 Grad vorgeheizt und das Fleisch dort bei abgedecktem Grill geräuchert. Stell keinesfalls die Temperatur höher! Am besten setzt Du ein Fleischthermometer ein, denn am Schluß sollte das Pulled Pork eine Kerntemperatur von 90 Grad haben. Dies dauert je nach Dicke des Fleisches etwa 15 bis 20 Stunden. Danach nimmst Du es vom Rost und lässt es in Backpapier noch eine halbe Stunde ruhen. Gut eignet sich diesbezüglich eine Thermobox, die verhindert, dass das Pork erkaltet. Danach kannst Du es entweder als Hamburger oder auch als Fleischdelikatesse Deinen Gästen vorsetzen und das hochverdiente Lob einstreichen.

ZUBEREITUNGSZEIT	GRILLZEIT
15 Minuten	ca. 15 - 20 Stunden

GEWÜRZTES UND GERÄUCHERTES GRILLHÜHNCHEN

ZUTATEN (für 4- 8 Portionen)

2 ganze (jeweils ca. 1 kg)	Hähnchen
4 EL	gelber Senf
25 g	Salz
25 g	Pfeffer
25 g	Knoblauchgranulat

ZUBEREITUNG

Vermische die Gewürze in einem kleinen Gefäß und reibe das Innere der Flattermänner vorsichtig mit etwa einem Esslöffel dieser Mixtur ein. Den Rest der Gewürze reibst Du außen auf die Haut. Umwickle die Flügel mit etwas Alufolie. Heize den Smoker auf 120 Grad vor und lege die Hähnchen mit der Brust nach unten auf das Gitter. Nach etwa einer Stunde Räucherzeit drehst Du die Hühner um und lässt sie für weitere zwei Stunden vor sich hin räuchern. Dann sind sie fast fertig. Du solltest sie vor dem Servieren nur noch für etwa 10 Minuten ruhen lassen.

ZUBEREITUNGSZEIT	GRILLZEIT
10 Minuten	3 bis 4 Stunden

GERÄUCHERTE HÜHNERTEILE

Dieses Rezept schmeckt am besten, wenn Du einen Smoker einsetzt.

ZUTATEN (für 6 Portionen)

- 25 g Salz
- 25 g Knoblauchgranulat
- 25 g Pfeffer
- 2 EL gelber Senf
- 6 Hühnchenteile

ZUBEREITUNG

Vermische die Gewürze in einem kleinen Gefäß und reibe sie vorsichtig auf die Hühnerteile, ohne dabei deren Haut zu verletzen. Lass die Gewürze eine halbe Stunde lang in das Fleisch einziehen. Lege die Hühnerteile mit etwas Abstand auf den Rost an eine mittelheiße Stelle und räuchere sie für etwa 4 Stunden.

ZUBEREITUNGSZEIT	GRILLZEIT
10 Minuten	Etwa 4 Stunden

GERÄUCHERTER GANZER TRUTHAHN ODER PUTE

Für dieses Rezept solltest Du einen Smoker verwenden.

ZUTATEN (für 10-12 Portionen)

1 (etwa 6 kg)	Truthahn oder Pute
25 g	Salz
25 g	Pfeffer
25 g	Knoblauchgranulat

ZUBEREITUNG

Vermische die Gewürze und reibe das Tier innen und außen mit der Gewürzmischung ein. Versuch dabei, vorsichtig etwas Gewürz unter die Haut zu bugsieren, ohne diese zu verletzen. Lege den Puter mit der Brust nach unten bei mittlerer Hitze auf den Smoker. Lass ihn dort für etwa eine Stunde und drehe ihn dann um. Jetzt sollte er noch weitere fünf bis sechs Stunden räuchern. Am besten schmeckt er, wenn Du ihn vor dem Servieren noch für eine halbe Stunde an einem warmen Platz ruhen lässt.

ZUBEREITUNGSZEIT	GRILLZEIT
10 Minuten	5 - 6 Stunden

SPANISCHES GRILLHÜHNCHEN

Dieses Rezept schmeckt am besten mit einem Smoker.

ZUTATEN (für 6 - 8 Portionen)

6	Hühnerteile (Brust oder Keule)
6 EL	frische Petersilie
2 EL	frischer Koriander
2 EL	frischer Basilikum
2 EL	frischer Oregano
200 ml	Olivenöl
	Saft von 2 Zitronen
3 – 5	Knoblauchzehen, gepresst
2 TL	Salz
1 TL	Cayennepfeffer

ZUBEREITUNG

Hacke die Kräuter und vermische sie mit den Gewürzen. Gib die Mixtur in ein Gefäß, hebe Dir aber ungefähr eine halbe Tasse für später auf. Reibe die Hühnerteile mit dem größeren Teil der Marinade ein. Gib alles in einen größeren Gefrierbeutel und lege ihn für 10 Stunden in den Kühlschrank. Danach kannst Du Deinen Grill oder Smoker auf etwa 150 Grad vorheizen und die Hühnerteile für etwa eine Dreiviertelstunde garen lassen. Danach drehst Du sie um, bepinselst sie mit dem Rest der Marinade und setzt sie für weitere 45 Minuten der Hitze aus. Frisch und warm serviert schmecken sie natürlich am besten.

ZUBEREITUNGSZEIT	GRILLZEIT
10 Stunden	Etwa 1 1/2 Stunden

GERÄUCHERTER SÜß-SAURER LACHS

ZUTATEN (für 4 - 6 Portionen)

4	Knoblauchzehen, gepresst
3 - 4 l	Wasser
170 g	Zucker
220 g	Meersalz
4 Pfund	Lachsfilet

ZUBEREITUNG

Fülle das Wasser in einen großen Behälter und rühre Salz und Zucker unter. Gib die Lachsfilets in einen anderen großen Behälter und übergieße sie mit dem Wasser und gebe den Knoblauch dazu. Stell den Lachs im Behälter kühl und gib der Marinade zwei Stunden Zeit einzuziehen. Danach nimmst Du den Lachs aus der Marinade und tupfst ihn mit einem Tuch trocken. Heize Deinen Smoker auf etwa 60 Grad vor und räuchere den Lachs für etwa vier bis fünf Stunden. Warm und frisch aus dem Smoker schmeckt er am besten.

ZUBEREITUNGSZEIT	GRILLZEIT
2 Stunden	4-5 Stunden

SCHWEINERIPPCHEN MIT APFELAROMA

ZUTATEN (für 6 Portionen)

4 Pfund Schweinerippchen
100 ml Apfelsaft
100 ml gelber Senf
25 g Salz
25 g schwarzer Pfeffer
25 g Knoblauchgranulat

ZUBEREITUNG

Heize den Grill oder Smoker auf 120 Grad vor. Massiere zuerst den Senf und danach die anderen Gewürze in die Rippchen ein und lasse die Marinade für etwa dreißig Minuten einwirken. Danach legst Du die Rippchen auf den Rost und lässt sie dort für etwa drei Stunden garen. Danach kommen sie heraus und auf eine Alufolie. Gieß den Apfelsaft darüber und wickle das Fleisch sofort in die Folie ein. Danach kommt es für eine weitere Stunde auf den Grill und kann dann zerteilt, verteilt und verputzt werden.

ZUBEREITUNGSZEIT	GRILLZEIT
45 Minuten	4 Stunden

HAMBURGER

Höhepunkt vieler Grillpartys sind Hamburger, die sich jeder selber zusammenbasteln kann. So bekommt jeder den Burger, den er will - und Spaß macht es auch noch. Du kannst sogar Deinen kompletten Grillabend in einen Hamburgerabend verwandeln und einen Großteil der damit verbunden Arbeit bereits im Vorfeld erledigen. Als Grillmeister musst Du nur die für einen Hamburger erforderlichen Zutaten bereitstellen sowie natürlich die Patties und Buns grillen. Den Rest erledigen die Gäste. Am Einfachsten ist es, Du platzierst einen etwas größeren Tisch in unmittelbarer Nähe des Grills, auf dem sich die Gäste ihre Hamburger selber individuell belegen. Auf besagtem Tisch solltest Du die nachfolgenden Zutaten platzieren – Auswahl und Menge richtet sich natürlich nach Anzahl und Vorlieben Deiner Gäste.

Unbedingt erforderlich sind:

Mundgerecht zerkleinerte Salatblätter (ohne Dressing!)
Tomatenscheiben
Zwiebelscheiben
in Scheiben oder Würfel geschnittene Gewürzgurken
Ketchup
Mayonnaise
Senf
Salz und Pfeffer

Willkommene Ergänzungen sind:

klein geschnittene grüne, rote und gelbe Paprika
Tabasco
Joghurt-Knoblauch-Dip (fester, nicht allzu fettarmer Joghurt mit Salz, Pfeffer und gepressten Knoblauchzehen verrührt)
Tzatziki
Gehobelter frischer Weißkohl
Gegrillte Gemüsestücke (Paprika, Zucchini, Aubergine…)
Frisch gegrillte Baconscheiben
Scharfer Senf
Dips und Cremes
Flach geschnittenes, weiches Obst (Pfirsiche, Mangos, Ananas…)

Grundsätzliches zum Grillen von Hamburger-Patties

Das Wichtigste zuerst: Schweinefleisch hat im Hamburger nichts zu suchen. Dies nicht aus religiösen Gründen, sondern weil es schlicht zu fettig ist und dieses Fett beim Grillen in das Feuer tropft. Geflügel ist aus dem gegenteiligen Grund ebenfalls eher weniger geeignet, denn es ist zu fettarm und wird dadurch schnell trocken. Daher sollte Geflügelfleisch zumindest mariniert werden. Greif also am besten zu Rind oder auch Lamm mit einem Fleisch-/Fettanteil von 80 zu 20 und Du bist auf der sicheren Seite.

Hackfleisch verdirbt schnell, also kaufe es erst am Grilltag.

Hamburger-Fleischscheiben (Profis sprechen von „Patties") sind flach und daher bereits nach wenigen Minuten gar. Sie sollten bei möglichst hoher Temperatur gegrillt werden. Da sie beim Braten schnell ankleben, muss der Rost sauber und rückstandsfrei sein und mit etwas Öl eingepinselt werden. Daher solltest Du den Patty auch nur einmal mit einem flachen Schieber wenden. Bei Cheeseburgern legst Du nach dem Wenden einfach eine Käsescheibe auf den Patty. Du solltest während des Grillens nicht in die Patties reinstechen und sie auch nicht zärtlich drücken, denn dadurch presst Du den leckeren Saft heraus. Und um gleich noch mit einem anderen Mythos aufzuräumen: das Begießen von Grillgut mit Bier kannst Du Dir wirklich schenken. Damit fachst Du nur das Feuer an, wäschst die Würzung vom Grillgut und sorgst dafür, dass es vorzeitig verbrennt. Und geschmacklich bringt die heiße Bierdusche nicht das Geringste!

Die Innenseiten der Hamburger-Brötchen (im Fachjargon „Buns" genannt) kannst du übrigens parallel zu den Patties kurz auf dem Grill anrösten, das steigert deren Geschmack enorm. Der Standard-Pattie besteht natürlich nur aus Rindfleisch, Salz und Peffer, aber wir stellen Dir auf den nachfolgenden Seiten auch ein paar ungewöhnlichere Rezepte vor.

Nachfolgend findest Du eine sorgfältig zusammengestellte Auswahl an Rezepturen für höchst unterschiedliche und originelle Hamburger.

EXTRASAFTIGER HAMBURGER

ZUTATEN (für etwa 6 Hamburger)

1 kg	frisches Rinderhack
130 ml	Tomatensaft
1	rohes Ei
½ TL	Salz
1 TL	Pfeffer
6	Buns, halbiert

ZUBEREITUNG

Vermische alle Zutaten (abgesehen von den Buns), lass die Masse etwa eine halbe Stunde im Kühlschrank ruhen und forme dann daraus sechs bis acht kreisrunde Hamburger-Patties. Drück in die Mitte der Patties eine kleine Kuhle, damit sie beim Grillen die Form behalten. Platziere sie auf die heißeste Stelle des Rostes und deck sie ab, denn so bleiben sie besonders saftig. Nach etwa fünf Minuten drehst Du den Patty um und nach weiteren vier Minuten ist er fertig. Wenn Du den Patty innen noch blutig, also „rare" haben willst, drücke vorsichtig (!) mit einem Finger darauf. Sollte es sich genauso anfühlen, wie das Daumengelenk Deiner Innenhand, ist er „rare", fühlt es sich so an wie die mittlere Innenfläche Deiner Hand ist es „medium". Dies gilt übrigens auch für die Garstufen von Steaks.

ZUBEREITUNGSZEIT	GRILLZEIT
10 Minuten	10 Minuten

CHEESEBURGER

ZUTATEN (für 6 Portionen)

- 1 kg frisches Rinderhack
- 3 Zwiebeln, gewürfelt
- 2 Knoblauchzehen, gepresst
- 3 EL Ketchup
- 1 EL 1 EL scharfer Senf
- 1 TL getrockneter Majoran, Thymian oder Oregano
- 1 - 2 TL Salz
- 1 TL gemahlener, schwarzer Pfeffer
- ½ TL Worcestersoße
- 2 EL Butter
- 200 g Gouda, Edamer oder Cheddar, in Scheiben geschnitten
- 6 Buns, halbiert

ZUBEREITUNG

1 Würfle zunächst die Zwiebeln. Besonders gut schmecken sie, wenn Du sie in der Pfanne mit ein wenig Zucker anröstest. Du solltest sie dann aber vor der Weiterverwendung auskühlen lassen. Vermenge dann sämtliche Zutaten (außer dem Käse und den Buns) miteinander und stell die Masse für etwa eine halbe Stunde in den Kühlschrank. Danach kannst Du die Masse in etwa sechs kreisrunde Hackfleisch-Patties verwandeln. Beachte dabei die Größe Deiner Burger-Brötchen und denke daran, dass das Hackfleisch auf dem Grill ein wenig kleiner wird. Dies lässt sich dadurch einigermaßen verhindern, indem Du vor dem Grillen (!) in die Mitte der Patties eine kleine Kuhle drückst.

2 Die Patties landen auf der heißesten Stelle des Grills und werden pro Seite etwa fünf Minuten gegrillt. Drehe sie nur einmal mit einem Wender vorsichtig um und leg dann die Käsescheibe darauf. Etwa zwei Minuten, bevor sie fertig sind, kannst Du die Innenseiten der Buns an einer nicht allzu heißen Stelle anrösten.

ZUBEREITUNGSZEIT	GRILLZEIT
10 Minuten	10 Minuten

THUNFISCH-BURGER

ZUTATEN

1 EL	Sesamöl, leicht angeröstet
1 EL	Sojasoße
1 TL	gemahlener, schwarzer Pfeffer
1	rohes Ei
500 g	roher Sushi-Thunfisch, fein geschnitten
100 g	rote Paprika, fein gewürfelt
2	Schalotten oder Zwiebeln, sehr fein geschnitten
	Salz nach Geschmack
50 g	Paniermehl
	Etwas Pflanzenöl
4	Hamburger-Brötchen mit Sesam, halbiert
	Chili-Mayonnaise (Rezept in diesem Buch)

ZUBEREITUNG

Vermische das Sesamöl, den Pfeffer und das Ei mit einem Mixer in einer Rührschüssel. Füge den Thunfisch und die Zwiebeln hinzu und vermixe es solange, bis die Masse einheitlich ausschaut. Am Schluss folgen Gewürze, gewürfelte Paprika und Paniermehl. Verwandle das Ganze in vier gleichgroße Patties und stelle diese für etwa 20 Minuten in den Kühlschrank. Sie werden auf der heißesten Stelle des Rostes für insgesamt vielleicht acht Minuten gegrillt und dabei nur einmal umgedreht. Etwa drei Minuten, bevor sie fertig sind, kannst Du auch die Innenseiten der Patties leicht anrösten. Die gerösteten Patties werden innen mit der Mayonnaise und mit einem Patty belegt.

ZUBEREITUNGSZEIT	GRILLZEIT
30 Minuten	8 Minuten

VEGGIE-BURGER

ZUTATEN (für 6 Veggie-Burger)

- 50 g Grünkern
- 3 EL Olivenöl
- 1 kleine Zwiebel, fein gewürfelt
- 1 kleine Stange Staudensellerie, fein gehackt
- ½ TL Salz
- 2 Knoblauchzehen, gepresst
- 5 EL Barbecue-Soße
- 1 Karotte, fein gerieben
- 200 g schwarze Bohnen oder Wachtelbohnen, gewaschen und getrocknet
- 50 g Semmelbrösel
- 50 g Walnüsse, gehackt
- 2 TL Sojasoße
- 2 Eiweiß
- 2 EL Petersilie, gehackt
- 6 Hamburger-Brötchen, halbiert
- Zwiebelringe als Garnitur

ZUBEREITUNG

Bereite den Grünkern gemäß der Packungsangabe zu und lasse ihn abkühlen. Erhitze das Öl in einer Pfanne und brate Zwiebeln, Sellerie und etwas Salz bei mittlerer Hitze für etwa eine Viertelstunde an. Füge den Knoblauch, die Barbecue-Soße und die fein geriebene Karotte hinzu, vermisch das Ganze und lass es auf kleiner Flamme für etwa ein bis zwei Minuten, unter gelegentlichem Umrühren, köcheln. Gib die Masse in eine Rührschüssel und lass sie komplett auskühlen. Füge nun die restlichen Zutaten hinzu und vermisch alles mit einem Pürierstab oder Stabmixer. Aber übertreib es damit nicht, es kann durchaus noch der eine oder andere größere Krümel in der Masse verbleiben. Das Ganze wird nun in sechs etwa gleichgroße und etwa 1 cm dicke Patties verwandelt. Die legst Du nun auf Backpapier, deckst sie mit einer weiteren Lage Backpapier ab und stellst sie für mindestens zwei Stunden kühl. Grill sie dann bei mäßiger Hitze für etwa sechs Minuten pro Seite. In der Zwischenzeit kannst Du auch die Innenseite der Brötchen anrösten. Besonders gut schmecken Veggie-Burger, wenn Du sie am Schluss mit etwas Barbecuesoße und einigen Zwiebelringen belegst.

ZUBEREITUNGSZEIT	GRILLZEIT
2,5 Stunden	12 Minuten

ASIA-BURGER

ZUTATEN (für 6 Burger)

1 kg Rindfleisch

2 Frühlingszwiebeln, fein gehackt

4 EL Hoisin-Soße (gibt´s im Asiamarkt)

2 EL Knoblauch-Chilisoße (auch „Sriracha-Soße genannt, gibt´s ebenfalls im Asiamarkt)

2 EL asiatisches Sesamöl (Na, wo gibt´s das wohl?)

1 TL Knoblauchgranulat

1 TL grob gemahlener, roter Pfeffer

½ TL gemahlener Ingwer

6 Hamburger-Brötchen, halbiert

Salz und Pfeffer zum Abschmecken

ZUBEREITUNG

Vermisch alle Zutaten und fertige daraus sechs Patties. Diese sollten der Brötchengröße entsprechen und in etwa gleich dick sein, damit ja kein Futterneid aufkommt. Stell die Patties für etwa eine halbe Stunde in den Kühlschrank. Öl den Rost ein wenig ein und such eine nicht allzu heiße Stelle. Danach legst Du die Patties auf und grillst sie bei einmaligem Wenden etwa fünf Minuten pro Seite.

ZUBEREITUNGSZEIT	GRILLZEIT
1 Stunde	10 Minuten

CHICKEN-BURGER

ZUTATEN (für 4 Burger)

- 750 g Hähnchenbrust, fein gehackt
- 2 Zwiebeln, klein gewürfelt
- Eine kleine Handvoll Koriander, fein gehackt
- 150 g junger Gouda, Cheddar oder Edamer
- 2 Knoblauchzehen, gepresst
- 1 Chilischote, entkernt und fein geschnitten
- Saft von einer halben Zitrone
- 1 TL Kreuzkümmel (Cumin)
- 1 TL Paprikapulver
- ½ TL Salz
- ½ TL gemahlener, schwarzer Pfeffer
- 4 Scheiben Edamer, Gouda oder Cheddar
- 4 Hamburger-Brötchen, halbiert

ZUBEREITUNG

Vermische und knete alle Zutaten – außer Käse-Scheiben und Hamburger-Brötchen - sorgfältig, forme daraus vier Patties und lege sie sofort an einer mittelheißen Stelle auf den Rost. Nach etwa vier Minuten, oder spätestens, wenn sie unten braun werden, drehst Du sie einmal um und belegst sie mit jeweils einer Scheibe Käse. Nach weiteren drei Minuten dürfte das Fleisch fertig, das heißt im Inneren nicht mehr rosa (sehr wichtig bei Geflügel!) sein. Die Patties sollten vor dem Verzehr noch ein, zwei Minuten ruhen. Solange kannst du ja flugs die Innenseiten der Buns rösten. Besonders gut passen dazu Guacamole (Rezept in diesem Buch) und Koriander.

ZUBEREITUNGSZEIT	GRILLZEIT
20 Minuten	10 Minuten

MEXIKANISCHER BURGER

ZUTATEN (für 4 Burger)

700 g	Rinderhack
1 - 2	Chilischoten, entkernt und fein geschnitten
1	Zwiebel, fein gewürfelt
1 ½ EL	Cajun-Würzmischung (Rezept in diesem Buch)
150 ml	Mayonnaise
1 TL	Worcestersoße
4	Scheiben Pfefferkäse
4	Hamburger-Brötchen, halbiert

ZUBEREITUNG

Vermisch die Mayonnaise mit einem Teelöffel der Cajun-Würzmischung. Vermenge alle anderen Zutaten – außer den Brötchen und den Käse-Scheiben - miteinander (geht am besten mit den Händen) und forme aus der Masse vier gleichgroße Patties. Drück in die Mitte der Patties eine kleine Kuhle. Verfrachte sie für fünf Minuten auf den Grill und drehe sie dann mit einem Wender vorsichtig um. Nun kommt auf die obere Seite jeweils eine Scheibe Käse und nach weiteren drei Minuten sind sie fertig. Bestreich die untere Innenseite der inzwischen angerösteten Brötchen mit der Mayonnaise-Cajun-Mischung, leg das Fleisch drauf und beleg den Burger mit Zutaten wie Salat, Tabasco, Chili oder was Dein Magen Dir halt befiehlt.

ZUBEREITUNGSZEIT	GRILLZEIT
20 Minuten	10 Minuten

LAMM-BURGER

ZUTATEN (für 5 Burger)

- 700 g Lammfleisch, gehackt
- 1 Ei
- 1 TL getrockneter Oregano
- 1 TL trockener Sherry, Madeira oder Marsala
- 1 TL weißer Weinessig
- ½ TL grob gemahlener, roter Pfeffer
- 2 Zwiebeln, gewürfelt
- 1 EL frische Minze, gehackt (je nach Geschmack)
- 2 EL frischer Koriander, gehackt
- 2 EL Semmelbrösel
- 5 Hamburger-Brötchen, halbiert

ZUBEREITUNG

Vermisch das Lamm sehr gut mit allen Zutaten. Verwandle die Masse in fünf gleich große Patties und stell sie für eine halbe Stunde in den Kühlschrank. Leg danach die Patties auf den nicht allzu heißen Rost. Etwa 70 bis 90 Grad sind ideal. Nach fünf Minuten kannst Du sie einmal wenden und nach weiteren fünf Minuten sind sie servierbereit.

ZUBEREITUNGSZEIT	GRILLZEIT
35 Minuten	10 Minuten

FISCH UND MEERESFRÜCHTE

Das Grillen von Fisch und Meeresfrüchten ist etwas heikel, denn Meeresgetier ist ziemlich fettfrei. Daher vertrocknen, verbrennen oder zerfallen Meeresfrüchte schneller, als Du vielleicht denken magst. Dies lässt sich aber weitgehend durch den Einsatz von Alufolie verhindern. Versuch es also als Einsteiger zunächst mit Alufolie oder dem ersten Fisch-Rezept, denn da kannst Du kaum etwas falsch machen. Besonders gut zum Grillen eignen sich übrigens festfleischige und fettreiche Fischsorten wie etwa Dorade, Lachs, Thunfisch, Forelle oder Wolfsbarsch.

FISCH IN ALUFOLIE

ZUTATEN (für 6 Personen)

6	Fischfilets
1	Knoblauchzehe
1 - 2 EL	Zitronensaft (je nach Filetgröße)
3 - 4 EL	Weißwein
	Salz und Pfeffer
	Frische oder getrocknete mediterrane Kräuter nach Geschmack (z.B. Thymian, Salbei, Oregano, Rosmarin, Basilikum, Fenchel, Chili, Dill, Petersilie, Estragon oder Minze)
	Olivenöl

ZUBEREITUNG

Leg sechs ausreichend große Stücke Alufolie aus und reib deren Innenseiten mit einer Knoblauchzehe und etwas Olivenöl ein. Leg den leicht gesalzenen und gepfefferten Fisch zusammen mit den Kräutern, Zitronensaft und Kräuterzweigen auf die Folie und gieße etwas Wein oder auch Fischfond darüber. Schließ die Alufolie und verfrachte das Päckchen an eine nicht allzu heiße Grillstelle. Diese Methode klappt sogar mit ganzen Fischen. Besonders aromatisch schmecken Letztere, wenn Du sie vor dem Grillen mit Kräuterzweigen vollstopfst. Die Garzeit richtet sich nach der Dicke des fischigen Grillgutes. Ein 1 cm dickes Filet benötigt etwa sechs Minuten, bei 2 cm sind es zehn und bei einem ganzen Fisch zwanzig Minuten.

ZUBEREITUNGSZEIT	GRILLZEIT
5 Minuten	Je nach Filetdicke zwischen 6 und 20 Minuten

GEGRILLTER LACHS IN SALSA

ZUTATEN (für 6 Portionen)

6 (jeweils 120 – 150 g) Lachsfilets

80 ml Weißwein

80 ml Sojasoße

1 Knoblauchzehe, gepresst

Für die Salsa:

1 Dose schwarze Bohnen, gut abgetropft

1 Dose Maiskörner, gut abgetropft

1 mittelscharfe Chili, sehr fein gehackt

1 Handvoll kernloser, roter Trauben, halbiert

1 Päckchen italienisches Salatdressing, in einer Vierteltasse Wasser aufgelöst

1 EL eingelegter grüner Chili, sehr fein geschnitten

ZUBEREITUNG

Vermische den Wein mit der Sojasoße. Heb Dir davon etwa zwei Esslöffel auf. Den Rest schüttest Du mit den Kräutern und der gepressten Knoblauchzehe in einen Gefrierbeutel und fügst den Fisch hinzu. Reibe den schuppigen Gesellen von außen - also durch den Gefrierbeutel - vorsichtig mit der Marinade ein und verfrachte das Ganze für eine halbe Stunde in den Kühlschrank. Dreh den Fisch ab und zu um, damit die Marinade überall hinkommt. In der Zwischenzeit gibst Du sämtliche ZUTATEN (für die Salsa (inklusive der 2 EL zuvor aufgehobenen Wein-Sojamixtur) in ein geeignetes Gefäß, pürierst sie mit einem Stabmixer und stellst sie kühl. Danach nimmst Du den Lachs aus der Marinade und lässt ihn gut abtropfen. Öl den Grillrost etwas ein und leg den Fisch mit der Hautseite nach unten auf eine nicht allzu heiße Stelle und decke ihn leicht ab. Drehe ihn nicht um! Nach etwa zehn Minuten beginnt er zu zerfallen. Dies ist der Moment, ihn vorsichtig (!) mit einem Grillspatel vom Grill auf einen Teller zu bugsieren.

ZUBEREITUNGSZEIT	GRILLZEIT
Etwa 40 Minuten	10 Minuten

FISCH-TACO

ZUTATEN (für 4 Portionen)

- 500 g Heilbutt-Filet (ca. 1 cm dick)
- 4 Tortillas (ca. 15 cm Durchmesser)
- 1 mittelgroße Mango, geschält und gewürfelt
- ½ Avocado, geschält und gewürfelt
- 1 Zwiebel, klein gehackt
- 2 Chilis, entkernt und sehr fein geschnitten
- 1 EL Koriander, gehackt
- 3 EL Olivenöl
- 1 TL Zitronensaft
- 1 TL Honig
- ½ TL Salz
- ¼ TL Pfeffer
- 4 knackig-große Blätter frischer Kopfsalat
- 4 TL süße Thai-Chili-Soße
- Olivenöl

ZUBEREITUNG

Bestreiche die Filets mit etwas Öl und würze sie mit Salz und Pfeffer. Die restlichen Zutaten, außer den Tortillas und dem Salatblatt, vermengst Du in einer Schüssel miteinander. Öl den Rost des vorgeheizten Grills leicht ein und leg den Heilbutt auf eine sehr heiße Stelle. Brate ihn auf jeder Seite etwa vier Minuten an, bis er anfängt, auseinander zu fallen. Beleg die Tortillas mit jeweils einem Salatblatt und einem fertigen Filet und bedecke sie mit der Mango-Mixtur.

ZUBEREITUNGSZEIT	GRILLZEIT
15 Minuten	8 Minuten

GEGRILLTE GANZE DORADE

Wenn Du einen ganzen Fisch grillen willst, solltest Du zu einer Dorade greifen. Diese Fischart eignet sich wunderbar dafür, besitzt sie doch ein sehr festes, aromatisches Fleisch und sehr wenige, leicht erkenn- und entfernbare Gräten.

ZUTATEN (für 6 Portionen)

- 6 ganze Doraden, geschuppt
- 6 rote oder gelbe Paprika
- 400 g Kirschtomaten
- 30 – 40 schwarze und grüne Oliven
- 5 Zwiebeln, sehr fein gehackt
- 6 Knoblauchzehen
- 2 Saft von Zitronen
- Salz
- Etwas Olivenöl
- Frische oder getrocknete mediterrane Kräuter nach Geschmack (Thymian, Oregano, Salbei, Minze, Estragon, Rosmarin etc.)

ZUBEREITUNG

Falls noch nicht geschehen, schupp die Doraden gründlich vom Schwanz zum Kopf und entferne bis auf den Schwanz sämtliche Flossen. Paprikaschoten, Zwiebeln und Knoblauch werden zerkleinert. Zusammen mit den Oliven und den Tomaten brätst Du sie in etwas Olivenöl an und mischst danach einen Teil der Kräuter unter. Verteil die Mixtur auf sechs Stück Alufolie. Die verschließt Du und platzierst sie auf dem Grill. Die Haut der Doraden solltest Du mit dem Messer an drei bis vier Stellen quer einschneiden. Dies dient dem Garprozess und verhindert, dass die Haut beim Grillen platzt. Dann würzt Du die Fische mit Salz, kippst etwas Zitronensaft sowie beliebig viele Kräuter in sie hinein und legst sie auf den Rost, und zwar dort, wo er mittelheiß ist. Je nach Größe sind die Doraden bei einmaligem Wenden nach insgesamt etwa acht bis zwölf Minuten servierfertig. Dies trifft sich gut, denn dann dürften auch die Alupäckchen mit der Kräutersoße gar sein. Mit der haben wir die perfekte Beilage für unseren köstlichen Grillfisch. Der schmeckt sogar noch besser, wenn Du ihn kurz vor dem Servieren mit etwas Zitronensaft beträufelst.

ZUBEREITUNGSZEIT	GRILLZEIT
15 Minuten	je nach Größe ca. 10 Minuten

GEGRILLTE RIESEN-GARNELEN IN DER SCHALE

ZUTATEN (für 6 Portionen: 2 Shrimps pro Person)

- 12 sehr große Garnelen oder Gambas, ungeschält, aber ohne Kopf
- 80 ml Olivenöl
- Salz und Pfeffer
- Saft einer Zitrone

ZUBEREITUNG

Schneide die Gambas entlang der oberen Rückenlinie auf und entferne vorsichtig den Darm. Die Schale sollte dabei seitlich nicht einreißen. Das Entdarmen erfordert etwas Übung. Falls Du das noch nie gemacht hast, solltest Du Dir vielleicht ein entsprechendes Internet-Video anschauen. Reibe die Gambas mit Öl, Salz und Pfeffer ein und leg sie auf eine sehr heiße Grillstelle - und zwar quer zum Gitter, damit sie nicht durchfallen. Dort verbleiben sie dann unter einmaligem Wenden für insgesamt vier Minuten und schon sind sie fertig. Mit Zitronensaft überträufelt schmecken sie am besten, finde ich zumindest.

ZUBEREITUNGSZEIT	GRILLZEIT
10 Minuten	ca. 4 Minuten

Gegrillte Shrimps am Spieß

Wie soeben beschrieben lassen sich Krustentiere auch komplett - also mitsamt ihrer Schale - grillen, aber das fummelige Schälen von Shrimps am Tisch ist zum einen nicht jedermanns Sache, und verursacht zum anderen eine Heiden-Sauerei und dreckige Hände. Vor allem Grilleinsteiger sollten also lieber zu geschälten Shrimps greifen. Die sind aber von Natur aus sehr klein und fallen dadurch leicht durch den Rost. Um dies zu verhindern, solltest Du sie also entweder in einer Aluschale grillen oder aber Shrimps wählen, die groß genug sind, um auf einem Schaschlikspieß zu landen.

ZUTATEN (für ca. 4 Portionen)

- 1 ½ Pfund sehr große, entdarmte und geschälte Shrimps
- 120 g Butter, geschmolzen
- 40 ml Olivenöl
- 30 ml Orangensaft
- 5 Knoblauchzehen, gepresst
- 1 EL trockener Weißwein
- 1 EL glattblättrige Petersilie, gehackt
- 1 frischer Basilikum, gehackt
- Salz und Pfeffer
- Schaschlikspieße (Holz oder Stahl)

ZUBEREITUNG

Verrühre alle Zutaten bis auf die Shrimps (und die Schaschlikspieße) in einer Schüssel. Mariniere das Meeresgetier mit der Hälfte dieser Soße und lass sie für etwa eine halbe Stunde durchziehen. Den Marinadenrest erhitzt Du vorsichtig auf dem Herd. Jeweils vier bis fünf der Shrimps spießt Du auf einen Schaschlikspieß auf. Holzspieße solltest Du übrigens zuvor wässern, um zu verhindern, dass die Shrimps daran ankleben und das Holz auf dem Grill ankokelt. Leg die Spieße quer zum Rost auf eine mittelheiße Stelle und grill sie auf jeder Seite etwa zwei bis drei Minuten. Wenn sie nicht mehr glasig ausschauen, sind sie fertig. Als passende Soße dazu servierst Du die soeben leicht erwärmte Marinade.

ZUBEREITUNGSZEIT	GRILLZEIT
10 Minuten	10 Minuten

VEGETARISCHE GRILLGERICHTE

GEFÜLLTE CHAMPIGNONS

Dies ist eines meiner Lieblingsrezepte - schmeckt einfach göttlich und ist in Windeseile zubereitet.

ZUTATEN (für 6 Portionen)

18 möglichst große Champignons

Kräuterbutter

ZUBEREITUNG

Wir brauchen nur die Pilzköpfe. Entferne also vorsichtig die Stiele, indem Du sie einfach abknickst, ohne den Kopf zu beschädigen. Wenn Du nichts verschwenden möchtest, kannst du die Stiele mit etwas Kräuterbutter in eine Aluschale geben und ebenfalls grillen. Putz die Köpfe trocken ab oder schäle sie, falls nötig. Dafür musst Du mit einem Kartoffelmesser vorsichtig die Haut vom Schirmrand in Richtung Kopfmitte abziehen. Entferne außerdem die Lamellen und fülle den Hohlraum mit reichlich Kräuterbutter. Die gibt´s in jedem Supermarkt, du kannst Dir aber natürlich auch selber eine anmischen. Ich verwende dafür zimmerwarme Butter, die ich mit etwas Salz, Pfeffer, gepressten Knoblauchzehen und zerhackter Petersilie vermische. Damit die Pilze auf dem Grill nicht umkippen oder gar durch den Rost fallen, stelle ich sie dicht gedrängt in eine Aluschale und platziere diese an einer sehr heißen Stelle. Sobald die geschmolzene Butter vor sich hin blubbert und die Pilze eine etwas dunklere Farbe angenommen haben, sind sie fertig. Dies dürfte etwa zehn Minuten dauern.

ZUBEREITUNGSZEIT	GRILLZEIT
15 Minuten	10 Minuten

SCHAFSKÄSE

ZUTATEN (für 6 Portionen)

- 1 (200 g) Fetakäse
- Olivenöl
- Zitronensaft
- Ein Zweig Thymian oder Rosmarin
- 5-10 schwarze Oliven (optional)
- Alufolie

ZUBEREITUNG

Öle ein ausreichend großes Stück Alufolie innen leicht ein und platziere den gesamten Feta mittig darauf. Beträufle den Käse mit etwas Zitronensaft, garniere ihn mit ein paar schwarzen Oliven und dem Kräuterzweig, schließe die Alufolie und leg das Käsepaket an eine mittelheiße Stelle des Grills. Je nach Hitze ist der Feta nach etwa zehn bis fünfzehn Minuten heiß, mürbe und damit superlecker.

ZUBEREITUNGSZEIT	GRILLZEIT
3 Minuten	15 Minuten

GRILLKÄSE

ZUTATEN (für 3 Portionen)

1 (250 g) Päckchen Haloumi- oder Grillkäse

Zitronensaft

ZUBEREITUNG

Schneide den Grillkäse in etwa 1,5 cm dicke Scheiben und lege diese quer auf eine sehr heiße Grillstelle. Bleib dabei, denn bereits nach etwa zwei Minuten, also wenn er leicht braun ist, kannst du ihn umdrehen. Warte nicht zu lange damit, denn je brauner er ist, desto weniger saftig ist er. Am besten schmeckt er, wenn er auf dem Teller mit etwas Zitronensaft Bekanntschaft macht.

ZUBEREITUNGSZEIT	GRILLZEIT
5 Minuten	etwa 4-5 Minuten

GERÄUCHERTE KÄSE-STICKS

Für diese Köstlichkeit benötigst Du einen Kalt-Smoker. Außerdem solltest Du die Käse-Sticks bereits 10 Tage vor dem Grilltermin vorbereiten.

ZUTATEN

Etwa 1 kg Hartkäse

ZUBEREITUNG

Verwandle den Hartkäse in etwa 20 fingerdicke Sticks. Bereite Deinen Kalt-Smoker vor. Leg die Sticks in den Smoker und räuchere sie für etwa eine Stunde bei etwa 30 Grad. Lege die Sticks vorsichtig in einen verschließbaren Gefrierbeutel und friere sie für etwa 10 Tage ein, danach schmecken sie am besten. Vor dem Grillen sollten sie natürlich aufgetaut werden.

ZUBEREITUNGSZEIT	GRILLZEIT
5 Minuten	etwa 4-5 Minuten

GRILL-KARTOFFELN

Gegrillte Kartoffeln passen einfach perfekt zu Fleisch und Fisch. Außerdem gibt es wohl kaum ein Grillgericht, welches sich noch einfacher zubereiten lässt.

ZUTATEN (für 6 Personen)

- 8 - 12 festkochende, möglichst große Kartoffeln
- Salz
- Kreuzkümmel (nach Geschmack)
- Barbecue-Aluminiumfolie

ZUBEREITUNG

Die rohen Kartoffeln werden mit einer Bürste sauber geschrubbt und ungeschält und ganz in Aluminiumfolie gewickelt. Die Kartoffeln werden an einer nicht allzu heißen Stelle, also an den Rand der Grillkohle, gelegt, um dort durchzugaren. Du brauchst sie nicht einmal umzudrehen, sondern kannst sie sich selbst überlassen. Du solltest allerdings besonders reißfeste Aluminiumfolie verwenden, damit diese beim Herumschieben der Grillkohle nicht einreißt. Je nach Dicke sind die Kartoffeln nach etwa 35 Minuten servierbereit.

ZUBEREITUNGSZEIT	GRILLZEIT
5 Minuten	45 Minuten

MEDITERRANES GRILL-GEMÜSE

Dies ist ein Universalrezept, welches Du für praktisch jedes Gemüse verwenden kannst. Du musst nur die jeweiligen Grillzeiten entsprechend anpassen.

ZUTATEN (für 4 Portionen)

- 6 Fischfilets
- 1 Aubergine
- 2 rote Paprika
- 2 gelbe Paprika
- 1 Zucchini
- 1 große Zwiebel
- 2 Knoblauchzehen, gepresst
- Zitronensaft
- Salz
- Olivenöl
- Frische oder getrocknete mediterrane Kräuter nach Geschmack
- Eine Aluminiumschale

ZUBEREITUNG

Schneide das Gemüse in etwa 1 cm große Würfel und vermische es sofort mit Zitronensaft, Salz, den gepressten Knoblauchzehen, den Kräutern und dem Öl. Gib alles in eine Aluschale und stell sie auf eine mittelheiße Grillstelle des Grills. Nach mehrmaligem Wenden und etwa 20 Minuten Wartezeit ist unser Gemüse-Allerlei fertig.

ZUBEREITUNGSZEIT	GRILLZEIT
20 Minuten	20 Minuten

GEMÜSE-SPIEßE

ZUTATEN (für 4 Portionen)

2 Paprika
1 Aubergine
1 Zucchini
1 große Zwiebel
Ein wenig Olivenöl
Salz
Schaschlikspieße, 15 bis 20 cm lang

ZUBEREITUNG

1 Solltest Du Holzspieße verwenden, lege sie für ein paar Minuten in Wasser ein. Dies verhindert, dass sie später beim Grillen anbrennen und das Gemüse daran kleben bleibt. Verwandle in der Zwischenzeit das geputzte, entkernte und geschälte Gemüse in etwa 3 – 4 cm große, mundgerechte Stücke. Spieß das Gemüse abwechselnd auf die Spieße auf und überpinsle sie hernach leicht mit Olivenöl - salze aber noch nicht. Platziere sie quer auf dem mittelheißen bis heißen Rost und lasse sie auf jeder Seite zwei bis vier Minuten grillen. Danach kannst Du sie leicht salzen und Deinen Gästen servieren.

2 Lass sie aber nicht zu lange auf dem Grill, sonst trocknen sie aus.

ZUBEREITUNGSZEIT	GRILLZEIT
10 – 20 Minuten	ca. 6 Minuten

GEGRILLTE MAISKOLBEN

ZUTATEN (für 6 Personen)

6 Maiskolben

1 TL Salz

Barbecue-Butter (Rezept in diesem Buch)

ZUBEREITUNG

Klapp die grünen Blätter der Maiskolben herunter und entferne den weißen Flaum. Klapp die grünen Blätter wieder zurück und leg die Maiskolben für zehn Minuten in kaltes Salzwasser. Danach nimmst Du die Maiskolben wieder raus und tupfst sie trocken. Leg sie für etwa 20 Minuten auf den mittelheißen Grill und dreh sie dabei alle fünf Minuten um. Fertig sind sie, wenn die Körner eine dunklere Farbe angenommen haben und sich mit einer Gabel leicht einstechen lassen. Danach darf sich jeder seinen Maiskolben selber salzen und mit Butter bestreichen.

ZUBEREITUNGSZEIT	GRILLZEIT
15 Minuten	20 Minuten

SALATE UND KALTE BEILAGEN

Der Grill ist heiß, die Sonne brennt, das Feuer verschickt Hitzewellen - auch wenn das Grillgut natürlich die Hauptrolle beim Grillen spielt, braucht es doch auch ein paar Salate und kalte Beilagen, um wenigstens kulinarisch für etwas Abkühlung zu sorgen. In Frage kommen sowohl leichte Blattsalate, als auch sättigende Beilagen. Nachfolgend habe ich einige Beilagen-Klassiker zusammengestellt, die sich fast alle bereits am Vortag herstellen lassen. Solltest Du selber Grillgast sein, kannst du auch einen der Salate anfertigen und mitbringen – Deine Gastgeber werden begeistert sein.

SOMMERSALAT

ZUTATEN (für 2 bis 3 Portionen)

- 2 kleine Chilischoten, entkernt und fein geschnitten
- 700 g Tomaten, gewürfelt
- 1 kleine Zwiebel, fein gehackt
- 1 Knoblauchzehe, gepresst
- ½ Tasse Petersilie, fein gehackt
- 1 EL Zitronensaft
- 1 TL Salz

ZUBEREITUNG

Verrühre alle Zutaten vorsichtig miteinander in einer geeigneten Salatschüssel – und nun ist Eile geboten,denn mit jeder Minute, die verstreicht, wird der Salat zwar geschmacksintensiver, aber aufgrund der Tomaten auch wässriger. Also serviere ihn sofort.

ZUBEREITUNGSZEIT

10 Minuten

WÜRZIGER KRAUTSALAT

ZUTATEN (für 4 Portionen)

- 200 g Karotten, fein geraffelt
- 200 g Weißkohl, fein gehackt
- 60 g Rotkohl, fein gehackt
- 2 EL Mascarpone
- 1 kleine Zwiebel, fein geraffelt
- 2 Chilischoten oder Jalapenos, fein gehackt
- 2 EL Kreuzkümmel
- 100 g Mayonnaise
- 1 TL Zucker
- 1 TL Zitronensaft
- ¼ TL Salz
- ½ TL Tabasco
- 200 g Karotten, fein geraffelt

ZUBEREITUNG

Vermische die Möhren mit dem Kohl, den Chilischoten und der Zwiebel und stelle sie beiseite. Vermische den Rest der Zutaten miteinander und vermenge sie mit der Kohlmischung. Fertig ist er, der legendäre Krautsalat, welcher auf keiner Grillfete fehlen darf.

ZUBEREITUNGSZEIT

10 Minuten

LOUSIANA-KARTOFFELSALAT

ZUTATEN (für 5 Personen)

- 2,5 kg festkochende Kartoffeln
- 3 Zwiebeln, fein gewürfelt
- 200 g durchwachsener Speck
- 8 Gewürzgurken, gewürfelt
- 400 ml leichter Mayonnaise (ideal eignen sich leichtere Sorten wie Miracel Whip)
- 60 ml Essig
- Etwas Zucker
- ½ l Gemüsebrühe
- Salz und Pfeffer
- 4 Frühlingszwiebeln, geschnitten
- 1 Bund Schnittlauch, geschnitten
- 6 - 8 Radieschen, halbiert oder in Scheiben
- 6 6 gekochte Eier (längs halbiert, zur Dekoration)

ZUBEREITUNG

Wasche die Kartoffeln kurz ab und koche sie für etwa 35 Minuten in reichlich Salzwasser. Wenn sie durch sind, lass sie (ungeschält!) 20 Minuten lang auskühlen. Danach schälst Du sie und schneidest sie in Scheiben. Speck und Zwiebeln werden in einer Pfanne zusammen mit einer Prise Zucker angeröstet und danach über die Kartoffeln geschüttet. Fertige mit einem bis zwei Brühwürfel und einem halben Liter Wasser eine Brühe an. Würze die Kartoffeln mit Pfeffer, Salz, Essig und etwa der Hälfte der Brühe. Gib die gewürfelten Gewürzgurken hinzu und vermische alles. Rühre am Schluss die Mayonnaise unter und schmeck alles ab. Sollte der Salat zu fest sein, addiere noch etwas Brühe. Und da ja das Auge bekanntlich mitschlemmt, könntest Du den Kartoffelsalat noch mit Garnitur wie etwa Radieschenscheiben, geschnittenen Frühlingszwiebeln, fein gehacktem Schnittlauch oder halben, gekochten Eiern verzieren.

ZUBEREITUNGSZEIT

1 Stunde

NUDELSALAT

Der Klassiker jeder Studentenparty ist auch bei Grillfreunden sehr beliebt, denn er ist kostengünstig, schnell herzustellen, macht satt und schmeckt hervorragend – auch und vor allem zu Gegrilltem.

ZUTATEN (für 6 Portionen)

1 Pfund	Nudeln (Hörnchen oder Fussili)
250 g	Fleischwurst, klein geschnitten
2 rote	Paprika, gewürfelt
200 g	Erbsen (frisch gekocht oder aus der Dose)
200 g	Dosenmais
400 ml	400 ml Mayonnaise
	Salz und Pfeffer

ZUBEREITUNG

Teigwaren sowie gegebenenfalls Erbsen nicht allzu weich kochen und abkühlen lassen. Zusammen mit den geschnittenen Paprika, der Fleischwurst, dem Mais und der Mayonnaise durchmischen, mit Pfeffer und Salz abschmecken und bis zum Verzehr in den Kühlschrank stellen. Lässt sich wunderbar bereits am Vortag zubereiten.

ZUBEREITUNGSZEIT

30 Minuten

SOMMERLICHE SALATE

Etwas Leichtes und Frisches darf auf keinem Grillabend fehlen. Dafür eignen sich am besten leckere Sommersalate, die natürlich jeder mit einem Dressing seines eigenen Geschmacks versieht. Welchen Salat es gibt, ist einfach eine Frage der Saison, des Angebots und der Vorlieben Deiner Gäste. Ich empfehle Blattsalate und Tomaten, beide passen einfach perfekt zu Gegrilltem aller Art.

KOPFSALAT

ZUTATEN (für 6 Personen)

- 2 - 3 frische Kopfsalate
- 3 EL Essig (oder Zitrone)
- 4 EL Sonnenblumenöl (oder Sahne)
- ½ TL Salz
- ¼ TL Pfeffer
- Etwas Zucker
- Zwei Handvoll frischer Gartenkräuter, gehackt (Schnittlauch, Dill, Petersilie, Kerbel, Wildkräuter etc.)

ZUBEREITUNG

Zerkleinere und wasche die Kopfsalate und lass sie sehr gut abtropfen. Am besten eignet sich dafür eine Salatschleuder oder ein frisches Geschirrtuch, in dem Du die Salatblätter wild herumschwenkst. Zwar halten sich die gewaschenen Blätter in einem geschlossenen Behältnis im Kühlschrank für etwa einen Tag, aber je frischer sie sind, desto knackiger und besser schmecken sie. Gib die Salatblätter in eine wirklich sehr große Schüssel, denn Du musst sie ja auch noch vorsichtig durchmischen. Rühre in einer kleineren Schüssel alle Zutaten bis auf die Kräuter zu einem Dressing zusammen und kippe dieses über den Salat. Füg am Schluss noch die gehackten Gartenkräuter darüber und mische alles vorsichtig durch. Der Salat muss sofort serviert werden, denn er hält nicht allzu lange frisch.

ZUBEREITUNGSZEIT

15 Minuten

TOMATENSALAT

Genau wie grüner Salat ist auch Tomatensalat sehr empfindlich. Tomaten verlieren Wasser, sobald sie mit Salzigem in Berührung kommen. Am besten ist es also, wenn Du das Dressing erst unmittelbar vor dem Verzehr über all Deine frischen Salate gießt. Einzige Ausnahme von dieser Regel ist der Krautsalat. Der gewinnt sogar deutlich an Aroma, wenn er etwas durchziehen kann.

ZUTATEN (für 4 Personen)

- 2 Chilischoten oder Jalapenos, entkernt und zerkleinert
- 1 kg Tomaten, je nach Größe gewürfelt oder in Scheiben geschnitten
- 1 Zwiebel, klein gewürfelt
- Eine Handvoll Petersilie, fein gehackt
- 1 EL Zitronensaft
- ⅓ EL Salz
- ¼ EL weißer oder schwarzer Pfeffer

ZUBEREITUNG

Vermische alle Zutaten vorsichtig miteinander, nimm eine Kostprobe und salze eventuell nach. Dann sofort ab auf den Tisch damit.

ZUBEREITUNGSZEIT

10 Minuten

TÜRKISCHER SALAT

ZUTATEN (für 4 Personen)

- 1 Pfund Tomaten, mundgerecht gewürfelt
- 300 g gelbe oder grüne Paprika, gewürfelt
- 1 Salatgurke, geschält und mundgerecht gewürfelt
- Eine Handvoll frischer Petersilie, gehackt
- 1 nicht zu kleine Zwiebel, gehackt
- 50 ml Zitronensaft
- 2 EL Wasser
- 1 EL Olivenöl
- ¼ TL Salz
- ¼ TL Pfeffer

ZUBEREITUNG

Mische alle Zutaten und stell den Salat für etwa eine Stunde kühl, bevor Du ihn servierst.

ZUBEREITUNGSZEIT

15 Minuten

MANGOSALAT

ZUTATEN (für ca. 6 Personen)

- 250 g Mango, gewürfelt
- 2 EL Zitronensaft
- 1 kleine, rote Zwiebel, gewürfelt
- 1 kernlose Salatgurke, gewürfelt
- Ein wenig Koriander, fein gehackt
- 2 TL Olivenöl
- Schwarzer Pfeffer
- Salz

ZUBEREITUNG

Vermische alle Zutaten vorsichtig in einer Rührschüssel. Stell den Salat vor dem Verzehr für mindestens eine halbe Stunde in den Kühlschrank.

ZUBEREITUNGSZEIT

1 Stunde

OBSTSALAT

ZUTATEN (für 4 bis 8 Portionen)

- 1 kg Erdbeeren, halbiert
- 500 g Mango, gewürfelt
- 250 g Ananasstücke
- 60 ml Zitronensaft
- 80 ml Ahornsirup oder Honig, alternativ gehen auch 80 g Zucker
- 500 g Honig- oder Netzmelone, geschält und gewürfelt
- 1 Prise Salz

ZUBEREITUNG

1 Verrühre den Zucker solange mit dem Zitronensaft, bis er sich auflöst. Gib sämtliche Zutaten in eine große Schüssel und mische alles sehr vorsichtig unter. Stell den Obstsalat für etwa eine halbe Stunde in den Kühlschrank.

2 Falls keine Kinder oder Anti-Alkoholiker mit am Tisch sitzen, kannst du den Obstsalat auch mit etwas Weißwein, Calvados, Masala oder Likör geschmacklich abrunden. Natürlich eignen sich für diesen Salat auch andere Früchte wie etwa Äpfel, Birnen oder halbierte, kernlose Trauben.

ZUBEREITUNGSZEIT

10 Minuten

Marinaden, Dips und Gewürzmischungen

Mageres Fleisch sowie viele Gemüsearten wie etwa Zucchini oder Auberginen solltest du vor dem Grillen marinieren. Dies verhindert, dass sie beim Grillen austrocknen. Außerdem kann man mit der Marinade auch gleichzeitig würzen. Der zeitliche Aufwand für eine Marinade ist erfreulich gering. Gleiches gilt auch für die Kosten, wenn Du Marinade und Grillgut in Gefrierbeuteln durchziehen lässt. Marinaden enthalten stets Öl und Salz, die restlichen Zutaten hängen von Deinem persönlichen Geschmack ab. Koriander und Ingwer sind beispielsweise nicht bei jedem beliebt. Daher stelle ich nur meine persönlichen Lieblings-Marinaden vor. Die kannst Du beliebig variieren, indem Du das eine oder andere Gewürz weglässt oder hinzufügst.

GYROS-MARINADE

Dies ist meine Lieblingsmarinade, sie verleiht allem Eingelegten ein überaus würziges und Gyros-ähnliches Aroma

ZUTATEN

- 1 kg Fleisch, Fisch oder Gemüse
- 200 ml Olivenöl
- 2 EL scharfer Senf
- ¾ TL Salz
- ¼ TL Zucker
- ½ TL gemahlenes Rosmarin
- ½ TL Kreuzkümmel
- Jeweils 2 TL getrockneter Thymian, Oregano und Basilikum
- 1 TL getrockneter Salbei
- 2 EL süßes Paprikapulver
- 1 EL scharfes Paprikapulver
- 3 Knoblauchzehen, gepresst

ZUBEREITUNG

Einfach sämtliche Zutaten vermischen. Diese Marinade eignet sich gleichermaßen für Fleisch, Fisch und Gemüse.

ZUBEREITUNGSZEIT

5 Minuten

Süß-Saure Marinade

ZUTATEN

150 g Honig

600 g Ketchup

75 ml Worcestersoße

220 g brauner Zucker

75 ml Wein- oder Apfelessig

1 TL gefriergetrocknete Zwiebeln

1 TL gefriergetrockneter Knoblauch

Je nach Geschmack etwa 5 bis 6 Peperoni oder Jalapenos

Schwarzer Pfeffer

Salz

ZUBEREITUNG

Vermixe all diese Zutaten mit dem Stabmixer, bis sie eine sämige Konsistenz haben. Dies dauert in etwa eine Minute. Mariniere damit Dein Rind-, Lamm- oder Schweinefleisch und lege es für mindestens vier Stunden in den Kühlschrank.

ZUBEREITUNGSZEIT

5 Minuten

TZATZIKI

ZUTATEN

- 500 g Quark oder Joghurt (mindestens mittlere Fettstufe)
- ½ Salatgurke
- 6-8 Knoblauchzehen
- 1 ½ TL Salz
- Pfeffer
- 2 EL Zitronensaft

ZUBEREITUNG

Schäle die Salatgurke und raffle sie mit der groben Reibe. Verrühr die Gurkenstücke mit 1 Teelöffel Salz und lass sie fünf Minuten in einer Schüssel durchziehen. Drück danach aus den Gurken möglichst viel Wasser heraus. Dieser Vorgang ist sehr wichtig, denn Tzatziki darf nicht zu flüssig sein. Danach verrührst Du die ausgepressten Gurken mit dem Quark oder Joghurt, dem gepressten Knoblauch und dem Pfeffer und stellst das Ganze für ein paar Stunden in den Kühlschrank. Dort entwickelt es sein volles Aroma und sollte daher erst danach mit weiterem Zitrone, Salz und Pfeffer abgeschmeckt werden.

ZUBEREITUNGSZEIT

10 Minuten

CHILI-MAYONNAISE

ZUTATEN

250 ml Mayonnaise

100 ml Sauerrahm

1 ½ EL scharfe Chili-oder Tabascosoße

1 TL Zitronensaft

1 TL Honig

4 Zwiebeln, sehr fein gewürfelt und angeröstet (abkühlen lassen vor der weiteren Verwendung!)

Salz und Pfeffer

ZUBEREITUNG

Alle Zutaten mit einem Stabmixer vermischen, mit Salz und Pfeffer abschmecken und bis zum Verzehr kaltstellen.

ZUBEREITUNGSZEIT

10 Minuten

RÄUCHERLACHS-CREME

ZUTATEN (für 4 Portionen)

- 3 EL Zitronen- oder Limonensaft
- 250 g geräuchertes Lachsfilet, zerkleinert
- 1 TL Kreuzkümmel (Cumin)
- 4 EL frischer Schnittlauch, geschnitten
- 250 g Frischkäse

ZUBEREITUNG

Vermische alle Zutaten mit dem Stabmixer und stelle die Creme bis zum Verbrauch in den Kühlschrank.

ZUBEREITUNGSZEIT

5 Minuten

TEX-MEX-RUB

ZUTATEN

- 2 EL Zwiebelgranulat
- 2 EL Knoblauchgranulat
- 220 g Salz
- 2 EL grob gemahlener roter Pfeffer
- 2 EL Tabascosoße
- 1 EL Geflügel-Gewürzmischung
- 2 EL Cajun-Gewürzmischung (gibt´s Supermarkt oder als Rezept in diesem Buch)
- 170 g brauner Zucker

ZUBEREITUNG

Vermische alle Zutaten und reibe damit Dein Fleisch, Fisch oder Gemüse vor dem Grillen ein. Schmeckt herrlich mexikanisch und frisch am aromatischsten.

ZUBEREITUNGSZEIT

10 Minuten

CAJUN-RUB

Diese Mischung passt gleichermaßen gut zu Fleisch, Meeresfrüchten, Gemüse und Kartoffeln. Besonders beliebt ist sie in den USA, dort werden vor allem Grillhähnchen damit eingerieben.

ZUTATEN

2 EL Salz
1 EL Zwiebelgranulat
2 EL Knoblauchgranulat
2 ½ EL Paprikapulver
1 EL schwarzer Pfeffer
1 EL Cayenne-Pfeffer
½ EL roter Pfeffer
1 ¼ EL getrockneter Thymian
1 ¼ EL getrockneter Oregano
½ EL roter Pfeffer

ZUBEREITUNG

Alle Zutaten gut miteinander vermischen und das Ganze in einem lichtundurchlässigen, geschlossenen Gefäß aufbewahren.

ZUBEREITUNGSZEIT

5 Minuten

ZWIEBELPASTE

ZUTATEN

2 EL Zitronensaft

1 Zwiebel, fein gehackt

8 Knoblauchzehen, geschält

2 EL Zitronensaft

ZUBEREITUNG

Vermixe all die Zutaten mit einem Stabmixer und stelle die Masse bis zum Gebrauch kühl. Wenn Du nicht willst, dass Dein ganzer Kühlschrank nach Zwiebeln riecht, decke das Gefäß gut ab.

ZUBEREITUNGSZEIT

5 Minuten

BARBECUE-SOßE

ZUTATEN (für etwa 1 Liter Soße)

200 ml Wasser
400 ml Ketchup
3 EL brauner Zucker
5 EL weißer Zucker
120 ml Apfelessig
½ EL Zwiebelgranulat
½ EL Senfpulver
1 EL Raucharoma (gibt´s im Supermarkt)
½ EL weißer Pfeffer
1 EL Zitronensaft
1 EL Worcestersoße

ZUBEREITUNG

Gib alle Zutaten in einen Topf und erhitze ihn. Lass die Mischung auf kleiner Flamme so lange köcheln, bis sie eingedickt ist. Schmeckt am besten, wenn sie frisch und noch warm über die Spare-Ribs gegossen wird.

ZUBEREITUNGSZEIT

1 Stunde

ANANAS-SALSA

ZUTATEN

2 Kartoffeln, klein gewürfelt

1 kleine Zwiebel, fein gehackt

1 Knoblauchzehe, gepresst

Saft einer Limone

1 Bund Koriander, fein gehackt

1 Chilischote, klein gehackt

500 g Ananas, gewürfelt

ZUBEREITUNG

Gib alle Zutaten in eine Servierschüssel, vermische sie kurz und schon ist das Salsa fertig. Passt wunderbar vor allem zu Fisch, Hamburgern und Geflügel.

ZUBEREITUNGSZEIT

5 Minuten

GUACAMOLE

ZUTATEN

- 3 sehr reife Avocados, geschält, entkernt und zerdrück
- 3 EL Limonensaft
- 1 TL Salz
- 1 bis 2 Zwiebeln, fein gehackt
- 2 Tomaten, gewürfelt
- 2-3 Knoblauchzehen, gepresst
- 4 EL Koriander, gehackt
- ½ TL Cayenne-Pfeffer (je nach Geschmack)

ZUBEREITUNG

Vermische zunächst mit einem Stabmixer die Avocados mit dem Zitronensaft und dem Salz. Füge danach die restlichen Zutaten hinzu und mixe alles gut durch. Am besten schmeckt die Guacamole, wenn sie zumindest eine Stunde im Kühlschrank durchziehen kann.

ZUBEREITUNGSZEIT

5 Minuten

GRILLBUTTER

ZUTATEN

- 170 g weiche Butter
- 2 EL Sonnenblumen- oder Rapsöl
- 1 Schalotte, sehr fein gewürfelt
- 2 Knoblauchzehen, gepresst
- 1 EL scharfes Paprikapulver
- 2 TL süßes Paprikapulver
- ½ TL Cayennepfeffer
- 1 TL Kreuzkümmel (geröstet schmeckt er besonders gut)
- 1 TL Worcestersoße
- Salz und Pfeffer

ZUBEREITUNG

Mische alle Zutaten zu einer homogenen Masse zusammen. Am besten klappt dies mit einer Gabel oder einem Stabmixer. Danach kommt die Grillbutter bis zur Verwendung in den Kühlschrank.

ZUBEREITUNGSZEIT

10 Minuten

COLA-SOßE

ZUTATEN (für 4 bis 8 Portionen)

200 ml Ketchup
50 ml Tabasco
400 ml Cola
3 EL Trauben- oder Apfelessig
2 EL Worcestersoße
5 Knoblauchzehen, fein gewürfelt

ZUBEREITUNG

Vermixe all diese Zutaten mit dem Stabmixer, bis sie eine sämige Konsistenz annehmen. Schütte sie danach in einen Topf und bring diesen zum Kochen. Reduziere danach die Hitze und halte die Mischung am köcheln, bis sie etwas eingedickt ist, also für ungefähr 25 Minuten. Serviere sie noch warm zusammen mit gegrilltem Fleisch oder Hühnchen.

ZUBEREITUNGSZEIT

30 Minuten

Süß-scharfe Chili-Würzmischung

ZUTATEN

- 2 EL schwarzer Pfeffer
- 2 EL Chili-Pfeffer
- 2 EL Knoblauchgranulat
- 2 EL Cayennepfeffer
- 2 EL Zitronen-Pfeffer
- 2 EL Salz
- 2 EL Zwiebelgranulat
- 4 EL süßes Paprikapulver
- 4 EL Zucker

ZUBEREITUNG

Vermische alle Zutaten in einer kleinen Schüssel. Würze Dein Grillgut damit erst kurz vor dem Grillen.

ZUBEREITUNGSZEIT

5 Minuten

Asiatische Gewürzmischung

ZUTATEN

1 EL chinesisches Fünf-Gewürze-Pulver (enthält: Szechuan Pfeffer, Nelken, Fenchel, Pedang-Zimt und Sternanis)

2 TL gemahlener Ingwer

¼ TL Cayennepfeffer

1 TL Salz

1 TL Zwiebelgranulat

1 TL Knoblauchgranulat

2 EL brauner Zucker

ZUBEREITUNG

Vermische alle Zutaten. Diese Mixtur passt ganz ausgezeichnet zu Geflügel und Fisch.

ZUBEREITUNGSZEIT

5 Minuten

UNIVERSAL-WÜRZMISCHUNG

ZUTATEN

Zu jeweils gleichen Teilen:

- Knoblauchgranulat
- Salz
- schwarzen Pfeffer

ZUBEREITUNG

Vermische die drei Bestandteile und Du bist stolzer Besitzer einer ebenso einfachen wie variablen Basis-Würzmischung, die sich für praktisch sämtliches Grillgut eignet. Sie lässt sich, je nach Geschmack mit allen nur denkbaren, trockenen Gewürzen und Kräutern verfeinern.

ZUBEREITUNGSZEIT

3 Minuten

HONIGSOßE

ZUTATEN

- 120 ml Ketchup
- 30 g brauner Zucker
- 120 g Butter
- 200 ml Honig
- 250 ml Barbecue-Soße
- 120 ml Orangensaft
- 2 EL weißer Zucker
- 3 EL Dijonsenf
- 1 EL Knoblauchgranulat
- 1 EL Chilipulver
- 2 EL schwarzer Pfeffer
- 2 EL Sojasoße
- 2 EL Essig

ZUBEREITUNG

Vermische alle Zutaten, gib sie in eine Pfanne und lasse die Mischung für etwa 15 Minuten bei niedriger Hitze einkochen.

ZUBEREITUNGSZEIT

20 Minuten

Würzige schwarze Soße

ZUTATEN

60 g Honig

170 ml Hoisin-Soße (bekommst Du im Asiamarkt)

1 TL Sriracha- oder scharfe Chili-Soße

ZUBEREITUNG

Vermische die Zutaten und mariniere damit Dein Fleisch, Fisch oder Geflügel. Alles bekommt dadurch eine sehr feine, asiatische Note.

ZUBEREITUNGSZEIT

5 Minuten

EIN KURZES WORT ZUM SCHLUSS

Natürlich wirst Du sicher nicht all diese Rezepte ausprobieren können oder wollen. Aber der Hobbykoch und Fernsehmoderator Alfred Biolek meinte mal zum Thema Kochbücher:

> „Wenn ich auch nur ein einziges Rezept aus einem Kochbuch freiwillig mehrmals verwende, hat sich dessen Kauf schon vollkommen gelohnt."

Da hatte er vollkommen Recht und ich bin davon überzeugt, dass Deinen Gästen viele der hier beschriebenen Rezepte ganz hervorragend schmecken werden. Probiere sie einfach bei Deiner nächsten Grillparty aus. Was Du dafür tun musst, damit diese ein voller Erfolg wird, weißt Du ja nun.

Thorsten Schäfer

7956749R00054

Printed in Germany
by Amazon Distribution
GmbH, Leipzig